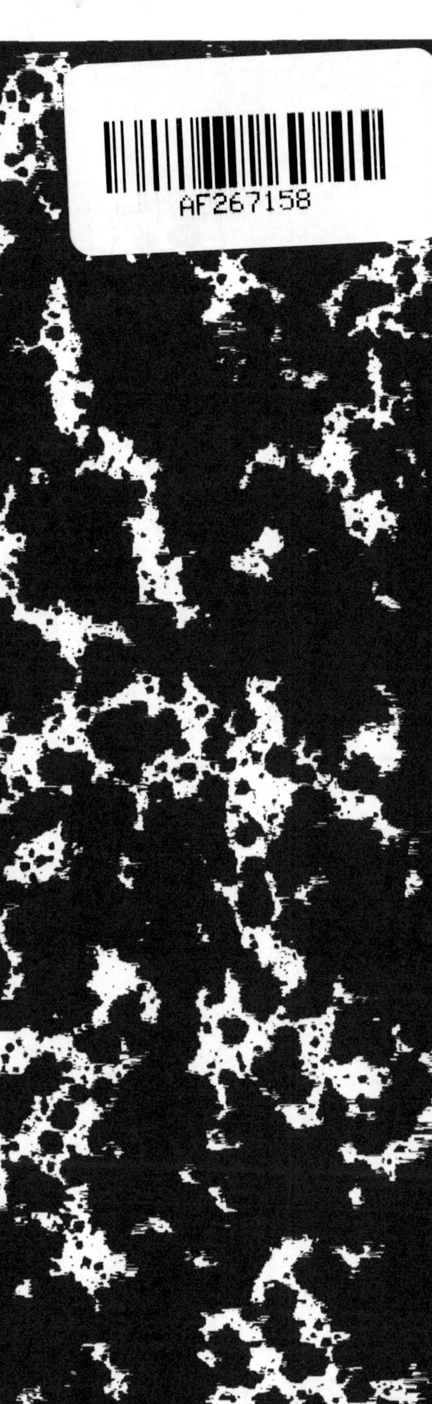

# LETTRE
# AUX ÉLECTEURS,

SUR

## LES CONSTITUTIONS FRANÇAISES

ET

## SUR L'ACTE ADDITIONNEL

DU 23 AVRIL 1815;

PAR M. MAIN DE STE.-CHRISTINE.

> Point de Constitutions stables
> sans garanties indépendantes.

## PARIS,

Chez DENTU, Libraire, Palais-Royal, galerie de bois;
et chez les Marchands de Nouveautés.

IMPRIMERIE DE J.-L. SCHERFF, RUE DU CAIRE.

Mai 1815.

# AUX ÉLECTEURS,

*Sur les Constitutions françaises et sur l'Acte additionnel du 23 avril 1815.*

MESSIEURS,

ENTREPRENDRE de discuter les constitutions de l'Empire, et en général les constitutions françaises qui ont été faites et mises en activité jusqu'à ce jour, serait se jeter dans la composition d'un gros volume d'une utilité fort douteuse : je me propose donc, dans cet écrit, de me borner à raisonner brièvement sur les principes généraux de toutes les constitutions.

Pour la composition d'une constitution, comme pour toute autre composition littéraire, on part d'une ou de plusieurs idées principales, auxquelles se rattachent les idées secondaires, puis les idées de détail : ces dernières complètent l'ensemble de l'ouvrage ; elles ne laissent plus à désirer aux législateurs théoriciens, que la mise en pratique de conceptions qu'ils ont jugé avoir la perfection relative à l'état présent des mœurs et des lumières.

Voici les trois propositions ou idées principales que je vais examiner dans cet écrit :

1°. Quel est l'esprit qui doit présider à la composition d'une constitution ?

2°. Que peut-on entendre par une constitution libérale ?

3°. Quel est le moyen de rendre une constitution quelconque bonne et libérale ?

Dans l'examen que je vais faire de ces trois propositions, je m'attacherai à éviter le langage d'un homme de parti ; ce n'est pas aux passions que je prétends m'adresser, c'est à l'impartialité et à la raison, qualités morales dont les hommes de parti même peuvent être susceptibles, quand un conciliateur leur parle avec les ménagemens convenables : je m'attacherai aussi à m'expliquer de manière à être compris, non-seulement des esprits les plus cultivés, mais encore des hommes dont le bon sens, fortifié de la première instruction, forme toute la littérature.

## PREMIÈRE PROPOSITION.

*Quel est l'esprit qui doit présider à la composition d'une constitution ?*

Faut-il encore se faire une pareille question depuis des siècles que l'on fait et refait des constitutions !

On pense vulgairement, de nos jours, que les hommes qui doivent coopérer à la composition d'une constitution, doivent être de fortes têtes, des penseurs profonds et extrêmement instruits : la qualité d'homme intègre n'est pas jugée la première qualité requise pour un tel travail ; on pourrait même citer telle constitution qui aurait été faite sans le concours de ce qu'on peut appeler un seul et parfait honnête homme ; on en pourrait citer aussi qui ont été composées exclusivement par des hommes intègres. Les constitutions des hommes d'une probité douteuse doivent être suspectes d'arrière-pensées favorables au pouvoir chargé de leur exécution ; les constitutions des hommes d'une probité reconnue ne peuvent être suspectes, mais elles sont susceptibles des erreurs d'hommes qui, dans leur travail, ont eu en vue plus la raison que les passions de leurs semblables.

Parmi les législateurs passés et présens, il s'est trouvé des esprits de toutes les espèces ; esprits solides, esprits brillans ; esprits profonds, esprits superficiels ; esprits lourds, esprits légers ; esprits fins, esprits grossiers ; esprits timides, esprits audacieux ; esprits bons, esprits méchans ; enfin, esprits dissimulés et esprits francs. De toutes ces qualités d'esprits, s'il fallait en choisir une, comme législateur, c'est à la dernière, à l'esprit franc, réuni avec ce qu'on appelle une bonne éducation, que j'estime qu'il faudrait en général donner la préférence : l'esprit franc, avec son bon sens, me semble être l'esprit constitutionnel par excellence ; et réciproquement je serais tenté de signaler comme inconstitutionnels presque toutes les autres espèces d'esprits. Ce principe posé, *je pense que c'est d'un ou de plusieurs législateurs de caractère et d'esprit francs que l'on devra attendre les meilleures constitutions :* brièveté, clarté, franchise, tel serait leur caractère.

## SECONDE PROPOSITION.

*Que peut-on entendre par une constitution libérale ?*

Une constitution libérale peut se juger par les choses ou par les mots. Le vulgaire, qui se laisse volontiers prendre par les mots, regardera comme libérale une constitution où les mots *libéral, libéralité, liberté, égalité,* etc. se répéteront fréquemment. Quant aux politiques, ils seront fort embarrassés pour se rendre compte de ce qu'on peut définir une constitution libérale. Pourquoi cela ? Parce que la plupart n'ont pas encore reconnu qu'on ne peut juger une constitution comme étant libérale, que d'une *manière relative* au gouvernement auquel elle est appliquée. Telle constitution bien faite sera regardée comme libérale, si elle s'applique à un gouvernement impérial ou royal, qui perdra ce caractère, si on l'applique à un gouvernement républicain. La libéralité des principes, ainsi que des lois qui en dérivent, est absolument relative à l'espèce de gouvernement auquel ces lois fondamentales sont destinées. Il faut donc, pour juger sainement des différens degrés de libéralité d'une constitution, commencer par

distinguer les différentes espèces de gouvernemens ; il faut remonter aux premiers principes politiques : c'est ce que j'ai fait ; c'est
l'attention continuellement fixée sur les principes que j'ai entrepris de prononcer sur
les degrés de libéralité de plusieurs constitutions , et notamment sur l'acte additionnel
aux constitutions de l'Empire , qui est dans
ce moment l'objet de l'attention et du vote
des membres des colléges électoraux.

Ce n'est pas d'aujourd'hui que je me suis
mis à même de prononcer sur une constitution ; dès l'année 1813 , mon opinion était
déjà fixée à ce sujet ; et, en 1814 , j'ai publié
un petit ouvrage, intitulé : *La Politique réduite
à un seul principe* , auquel il sera bien qu'on
ait recours pour avoir la connaissance de
beaucoup de détails , dans lesquels les bornes
de cet écrit ne me permettent pas d'entrer,
et qui n'offriraient que la répétition de ce qui
existe dans mon ouvrage (1).

Les raisonnemens qui vont suivre ne por-
teront que sur quatre espèces de gouvernemens ; savoir, le républicain , le consulaire ou
le présidental , le royal et l'impérial.

_______

(1) Voyez l'annonce de cet ouvrage à la fin de cette
Lettre.

Le gouvernement qui admet le plus d'idées
libérales, est le républicain ; le gouvernement
consulaire en admet moins ; le gouvernement
royal encore moins, et enfin le gouvernement
impérial est celui qui en admet le moins des
quatre, sous peine de se dénaturer et de ren-
trer dans les gouvernemens où l'autorité su-
prême a moins de force, tels que sont gra-
duellement le gouvernement royal, puis les
gouvernemens consulaires et républicains.

D'après cette classification de gouvernemens, qu'il faut admettre sous peine de
brouiller toutes les idées politiques, il est
facile de reconnaître qu'on a une base fixe
pour asseoir ses jugemens sur les constitutions
dites libérales.

Pour ne pas m'écarter de mon sujet, je ne
ferai l'application de cette manière de voir,
qu'à l'acte additionnel qui vient d'être pré-
senté au peuple français.

Avant et depuis la chute du dernier gouvernement royal, les idées libérales ont fer-
menté dans presque toutes les têtes, comme les
idées de liberté et d'égalité y fermentaient à l'é-
poque du commencement de notre révolution.
C'est au nom des idées libérales et sous l'influence des couleurs de la liberté et de l'égalité
que s'est opéré notre dernière révolution.

Quand elle a été consommée, il ne manquait plus aux espérances de la nation que la constitution libérale promise par l'empereur Napoléon. Le gouvernement qui sentait le besoin urgent qu'avait la nation de connaître cette constitution, s'en occupa sans relâche, et s'est trouvé en état de la faire paraître le dimanche 23 avril 1815. On se figurerait difficilement avec quelle avidité on recherchait et on lisait l'acte additionnel aux constitutions de l'Empire ; tous les partis, toutes les opinions y cherchaient à l'envi ce qui était à leur convenance. Mille jugemens divers ont été spontanément portés sur ce remarquable acte additionnel.

Un grand nombre de personnes irréfléchies qui portaient à l'excès l'amour des idées libérales, et qui, dans leur ivresse libérale, s'étaient imaginé que l'Empereur proclamerait la république, comme le bruit en a couru dans Paris, ces personnes, dis-je, ont été fort désappointées en lisant l'acte additionnel.

Les anti-libéraux, qui sont aussi en bon nombre, l'ont trouvé trop populaire pour une constitution impériale ; enfin, les modérés cherchaient à se faire une opinion sur cet acte, et ne pouvaient guère y parvenir qu'en abondant dans le sens des libéraux ou dans celui des anti-libéraux. C'est pour tous, et notamment pour les modérés, que je vais m'expliquer à ce sujet.

Les individus de tous les partis, et ceux qui ne sont d'aucun, ont raisonné dans cette occasion comme si la France était absolument sans gouvernement au moment de l'apparition de l'acte additionnel : c'est ce qui a été la cause de leurs erreurs. La constitution libérale si impatiemment attendue ne devait être *relative* qu'au gouvernement impérial, puisque Napoléon avait été salué du nom d'Empereur par les troupes françaises, c'est-à-dire du droit du plus fort, et par une grande portion du peuple, l'autre ayant gardé la neutralité pour éviter le plus grand des fléaux politiques, la guerre civile. La forme du gouvernement était fixée du moment que Napoléon a été proclamé, *provisoirement,* empereur des Français, et qu'il a en effet pris ce titre dans les actes subséquens de son autorité *provisoire.* Les rêves de république, de consulat, de présidence devaient donc disparaître du moment où Napoléon a signé Empereur des Français. C'est l'ancienne habitude qui, dès ce moment, a fixé les destins de la France : si à l'apparition de Napoléon on avait eu le tems de réfléchir et qu'on l'eût accueilli aux acclamations de *vive la République! vive le Dictateur!* la république était proclamée et les libéraux eussent été au comble de leurs vœux.

Il est question de savoir si la France se serait mieux trouvée du gouvernement républicain que de celui qu'elle a.

Dans la circonstance où elle se trouvait, je pense qu'il lui fallait un gouvernement plus concentré que le gouvernement républicain. Ce n'est pas à la fin des révolutions qu'un tel gouvernement peut être applicable : il en faut alors un qui puisse maîtriser les partis au lieu de les multiplier , comme fait le gouvernement républicain.

Je n'entends pourtant pas dire que le despotisme doive succéder à l'anarchie révolutionnaire : à pareille époque il faut qu'un gouvernement soit fort, mais aussi faut-il qu'il ne le soit pas trop ; car au lieu de maintenir, alors il irrite : des ressorts trop tendus peuvent être cause de la perte d'un gouvernement fort, comme des ressorts trop peu tendus peuvent être la cause de celle d'un gouvernement faible. Les exemples à l'appui de ces assertions n'ont pas manqué depuis deux ans.

Présentement j'établis que ce n'est pas sous un gouvernement dictatorial que nous sommes, c'est sous le gouvernement provisoire impérial pur et simple : or, d'après le principe que j'ai posé et adopté dans mon ouvrage précité, sous le gouvernement impérial, le pouvoir exécutif devant dominer de beaucoup le pouvoir législatif, on devait prévoir que l'acte additionnel accorderait beaucoup plus au premier qu'au dernier. C'est ce qui est arrivé. Les républicains regardèrent comme un malheur la grande prépondérance du pouvoir exécutif. Les têtes encore préoccupées de la république française, du consulat, du directoire, ils se sont follement imaginé que le trône impérial allait se changer en un siège dictatorial ou présidental; quand même cela eût été à désirer, ce n'était guère présumable.

Les libéraux ont manqué l'occasion de s'émanciper, ils ne peuvent plus l'être maintenant que du gré et par la volonté du chef qu'ils ont reconnu.

Je conclus de tout ce que j'ai dit ci-dessus, que si nos constitutions de l'Empire, y compris l'acte additionnel, devaient s'appliquer au gouvernement républicain, sauf quelques modifications de formes, on ne pourrait les regarder comme libérales; mais en tems qu'elles s'appliquent au gouvernement impérial, on doit convenir qu'elles sont libérales et même très-libérales pour des constitutions impériales.

Si les regrets des libéraux doivent porter sur quelque chose, c'est sur ce qu'on n'a pas proclamé, à l'apparition de l'Empereur, un gouvernement provisoire plus compatible avec les idées libérales et moins absolu que le gouvernement impérial, lequel ne diffère que d'un degré du gouvernement despotique : les troupes ayant eu l'initiative pour proclamer l'Empereur, il leur a été bien plus facile de suivre leurs habitudes anciennes que de raisonner politiquement l'accueil qu'elles ont fait au chef de leur choix.

Maintenant pour consoler les libéraux et pour leur faire prendre leur parti sur une autorité existante qu'il ne serait pas facile de faire rétrograder, je leur dirai que pour rendre libéral le gouvernement impérial, il n'y a d'autre ressource que de lui faire l'application de ma troisième proposition à l'examen de laquelle je vais passer.

# TROISIÈME PROPOSITION.

*Quel est le moyen de rendre une consti-
tution quelconque bonne et libérale?*

Ce moyen, pressenti depuis longtems, n'a
jamais été usité comme il aurait dû l'être :
son importance n'était pas encore assez évi-
dente.

Les élémens des constitutions sont connus.
Ce sont des matériaux dont on s'est servi
depuis des siècles, sans que la raison ou le
hasard aient indiqué la meilleure manière
dont ils pouvaient être disposés pour donner
aux constitutions passées et présentes cet ensemble parfait, seul gage de leur stabilité :
aussi avons-nous vu de siècles en siècles s'é-
crouler tous les gouvernemens libéraux fondés
sur ces constitutions imparfaites. Le gouvernement anglais, qui est le plus solide de nos
gouvernemens européens, ne doit sa stabilité
qu'à l'application imparfaite et à l'influence
de ce moyen, lequel oppose une garantie vi-
goureuse des droits de la nation contre les
entreprises inconstitutionnelles tentées, soit
par le pouvoir exécutif, soit par le pouvoir
législatif.

Avant d'entrer en matière sur le moyen que je signale, je dois faire observer qu'il n'est applicable qu'aux gouvernemens constitutionnels, il est incompatible avec les gouvernemens despotiques.

Dans mon ouvrage intitulé : *La Politique réduite à un seul principe*, je considère le pouvoir exécutif et le pouvoir législatif comme deux grands empires voisins et rivaux, et je dis qu'il faut entre ces deux puissances morales, comme entre deux puissances physiques, *un intermédiaire* capable de prévenir les froissemens de ces deux pouvoirs; qu'il faut que cet *intermédiaire soit indépendant*, quoique sous la protection des deux pouvoirs qu'il limite et qu'il sépare.

J'ai donné le nom historique de Parlement au corps intermédiaire indépendant, parce que, à moins de l'appeler l'intermédiaire, nom caractéristique mais trop long, il fallait adopter un nom avant de lui assigner sa place dans la formation d'un gouvernement.

Dans l'ouvrage précité, je définis, comme il suit, les attributs du parlement ou corps intermédiaire indépendant.

« Le corps intermédiaire n'aurait ni pou-
» voir exécutif ni pouvoir législatif : il aurait
» le droit de contrôler les actes du roi et ceux

» du peuple, celui de proposer des lois, celui
» de ramener à l'esprit de la constitution
» l'opinion publique que voudrait influencer
» en sa faveur le peuple ou le roi, celui de
» veiller aux intérêts généraux de la nation,
» enfin celui de signaler le bien et le mal.

» Les séances de ce corps sont toujours
» publiques : les discussions secrètes ne peu-
» vent avoir lieu que dans des comités nom-
» més spécialement pour discuter certaines
» questions.

» Le corps intermédiaire est permanent.
» Il est absolument indépendant. A lui seul
» appartient le droit de faire imprimer sans
» être assujéti à aucune responsabilité. Il est
» le représentant de l'opinion publique, il en
» est aussi le tribunal. Les pouvoirs exécutif
» et législatif doivent lui communiquer im-
» médiatement les projets de lois nouvelles :
» il les discute de suite et publiquement, s'il
» le juge à propos, puis il envoie sa délibé-
» ration au pouvoir qu'elle concerne, pour
» éclairer sa décision.

» Le corps intermédiaire veille continuel-
» lement sur la liberté individuelle et sur
» la liberté de la presse; il en réclame les
» droits ou il en signale les abus; il prononce
» en premier ressort sur les délits dont elles

» peuvent être l'instrument ou l'objet, c'est-à-
» dire, qu'il prononce, s'il y a lieu, de suivre ou
» non une procédure pour délits de la presse
» ou pour arrestation individuelle relative à
» ces délits : il fait l'office d'un jury prépara-
» toire. La liberté de la presse est une arme
» dangereuse dont le port libre ne peut être
» accordé indistinctement à tout le monde. »

Une loi devra déterminer qu'elle *classe de citoyens* aura le droit d'en user sous la responsabilité pardevant le corps intermédiaire et pardevant les tribunaux. Ainsi modifiée, la liberté de la presse préviendra les abus d'autorité et les violations de la constitution sous un gouvernement quelconque, pourvu qu'il soit constitutionnel : elle rendra le bonheur des peuples dépendant uniquement des lois et indépendant de leurs chefs : elle préviendra aussi la division des citoyens en partisans de tel homme et partisans de tel autre homme : elle les ralliera tous aux lois et à la patrie (1).

---

(1) C'est ici le lieu de réclamer contre l'usage anti-libéral de quelques souverains, sous des gouvernemens constitutionnels, de faire mettre leurs chiffres ou leur lettre initiale sur les uniformes ou les armures de leurs hommes de guerre. Cet usage tend à fausser l'esprit

Le corps intermédiaire a le droit d'avoir un ou plusieurs correspondans accrédités dans les provinces ou départemens ; de plus, il correspond avec le principal corps littéraire de chaque chef-lieu desdites provinces ou départemens. Ces corps n'ont que le droit de dénoncer sans délai les violations de la liberté de la presse et de la liberté individuelle, afin que le corps intermédiaire puisse publier, le plus promptement possible, sa décision à ce sujet.

« Pour être membre du corps intermédiaire,
» il faut être propriétaire d'immeubles ou
» d'effets publics d'un revenu annuel suffisant
» pour dispenser de travailler pour vivre ; il
» faut être connu pour avoir de l'instruction,
» de l'élocution et du caractère : il faut avoir
» au moins vingt-cinq ans, etc. »

M. Benjamin de Constant, dans son excellent ouvrage intitulé : *Réflexions sur les Constitutions* (pages 2 et 3), prouve qu'il a eu le sentiment de la nécessité d'un pouvoir *neutre et intermédiaire*. Un écrivain anonyme

---

simple et borné des soldats ; il tend à leur faire oublier qu'ils sont les hommes de la patrie et non ceux du souverain, qui, militairement parlant, n'est que le premier soldat d'entre eux. C'est le chiffre seul de leur pays ou de leur corps qu'ils doivent porter..

qui a publié, dans le Moniteur du 25 avril 1815, des Réflexions sur l'acte additionnel qui a paru le 23, prouve aussi que l'importance d'un pouvoir intermédiaire constitutionnel ne lui a pas échappé. Ces deux écrivains approchent de très-près du but ; mais je dis qu'ils ne l'ont pas atteint. Au lieu d'imaginer ce pouvoir neutre et intermédiaire, M. Benjamin de Constant croit le voir dans la personne du chef du pouvoir exécutif. L'écrivain anonyme croit le voir dans la chambre des pairs héréditaires, indiquée par l'acte additionnel : mais dans un gouvernement constitutionnel un chef du pouvoir exécutif peut-il être considéré comme neutre ? La portion la plus remarquable du pouvoir législatif peut-elle aussi être regardée comme neutre ? Je ne le pense pas, et je crois qu'on ne peut véritablement regarder comme neutre et désintéressé qu'un corps intermédiaire indépendant, n'ayant aucune portion du pouvoir législatif ni du pouvoir exécutif.

Maintenant la question à se faire est celle-ci : comment sera composé le corps intermédiaire, pour mériter la haute considération à laquelle l'appèlent ses nobles fonctions ?

On a le choix dans plusieurs modes de formation ; voici celui que je préfère :

Le corps intermédiaire serait composé de quatre-vingt-dix-neuf membres et un président. Le pouvoir législatif, sur une liste de candidats présentée par les corps électoraux, nommerait les quatre-vingt-dix-neuf membres ; trente-trois seraient à la nomination de la chambre des pairs, et soixante-six à la nomination de la chambre des communes. Ces quatre-vingt-dix-neuf membres choisiraient un président parmi eux ou parmi des hommes qui n'exerceraient aucune fonction publique, à moins que le fonctionnaire désigné n'eût fait connaître qu'il renoncerait à ses fonctions publiques pour avoir l'honneur de présider le corps. Si le président est choisi parmi les quatre-vingt-dix-neuf membres, on appèle le suppléant de ce membre pour porter le corps au complet de cent membres. Les membres sont nommés pour cinq ans ; ils ne peuvent cumuler aucune fonction publique avec celle de membre du corps intermédiaire ; ils sont rééligibles : s'ils ne sont pas réélus, ils ne peuvent accepter aucune fonction publique, pour eux ni pour leurs enfans, que cinq ans après leur sortie du corps.

Si, par l'effet des évènemens ou d'une révolution, après les cinq ans expirés, on ne peut procéder à une réélection, les membres du corps intermédiaire continueront leurs fonctions, jusqu'à ce que la réélection constitutionnelle soit devenue possible. Les membres décédés seront, à fur et mesure, remplacés par leurs suppléans.

Le corps intermédiaire, au lieu de traitement, aura une dotation en bien fonds, calculée pour servir à ses membres plutôt d'indemnité des frais de déplacement et d'absence, que pour offrir un appât à la spéculation. Cette indemnité doit être, de plus, en état de couvrir les frais d'administration du corps. Il a, en outre, la franchise des ports de lettres pour sa correspondance manuscrite.

La dignité de membre du corps intermédiaire méritera une décoration d'honneur à ceux qui n'en auraient pas, et elle ajoutera un titre de plus à ceux qui l'auraient déjà.

Le corps intermédiaire aurait une place d'honneur à toutes les cérémonies publiques : il aurait une garde particulière et d'honneur.

Ce que je viens de dire du corps intermédiaire n'est que pour donner un aperçu de la formation d'un pareil corps : si on en adopte le principe, il ne serait pas difficile, avec un peu d'attention, de l'organiser d'une manière définitive et satisfaisante.

( 21 )

**A** différentes époques, et surtout dans les derniers siècles, quelques institutions politiques ont suppléé en partie à l'absence des corps intermédiaires : la liberté de la parole, dans des tems reculés, et la liberté de la presse, dans nos tems modernes, ont toujours caractérisé ces institutions. A Rome antique, les tribuns du peuple en firent passagèrement l'office. ( J'observe pourtant que ce corps n'était pas neutre, puisqu'il était plus particulièrement l'avocat du peuple contre le pouvoir exécutif, et qu'il exerçait d'ailleurs une portion du pouvoir législatif.) Sous les rois de France les parlemens suppléèrent parfois, mais faiblement, un corps intermédiaire indépendant.

En Angleterre, la liberté de la presse et des clubs suffit pour garantir les droits de la nation, comme pour maintenir l'équilibre entre le pouvoir exécutif et le pouvoir législatif(1).

_______________

(1) Au point où nous en sommes en France, il faut que les libéraux français proclament le despotisme, ou qu'ils protestent fortement et constamment contre tout ce qui s'est fait et se fera sans la jouissance de la liberté de la presse et de la liberté individuelle, telles qu'elles existent en Angleterre. Au moment où je parle, nous sommes loin de ce but ; la terreur plane sur les écrivains

Le fonds du corps intermédiaire y existe, mais la forme n'y est pas, et point de doute qu'une forme légale et respectable ne doublât l'influence salutaire de cette précieuse liberté de parler et d'im rimer.

Pendant la révolution française, la liberté de la presse a souvent lutté avec succès contre les entreprises usurpatrices du pouvoir exécutif et du pouvoir législatif : si elle a succombé sous leurs efforts ambitieux, c'est qu'elle n'était pas revêtue de ce caractère légal et imposant qui devait l'assimiler, au milieu des orages révolutionnaires, à un roc inébranlable contre lequel viennent se briser les vagues furieuses soulevées par les tempêtes.

Toujours debout, quels que fussent les évènemens, les corps intermédiaires seraient le point de ralliement des gouvernemens nouveaux ; c'est dans l'esprit de ces corps, toujours pénétrés de l'intérêt général bien entendu, qu'ils puiseraient les bases des actes de leur autorité naissante ; c'est en se glorifiant du suffrage de ces corps qu'ils s'accréditeraient et qu'ils

---

de l'opposition. Comment la nation connaîtra-t-elle ses intérêts généraux, si les avocats des plus forts ont seuls le droit de se faire entendre ? Quand sera-t-il permis aux avocats des plus nombreux de parler ?

obtiendraient une facile obéissance ; c'est en ayant égard à leurs sages observations qu'ils pourraient retoucher les constitutions antérieures, assez mal faites ou assez mal observées pour n'avoir pú garantir l'état d'une révolution. L'avantage qu'auraient les corps intermédiaires de provoquer l'amélioration d'une constitution quelconque, et d'obtenir ces améliorations par la force de l'opinion publique, doit les recommander puissamment dans l'esprit des nations constitutionnelles.

La réalisation constitutionnelle des corps intermédiaires tend à calmer l'esprit inquiet et changeant des peuples civilisés : elle tend à les habituer au gouvernement dont ils jouissent depuis longtems, à les empêcher de se monter les têtes pour les avantages imaginaires et hypothétiques de gouvernemens nouveaux. Observer, contrôler et perfectionner, telles sont les fonctions tutélaires des corps intermédiaires.

On a tour-à-tour contrôlé les constitutions françaises faites jusqu'à ce jour, parce qu'on en exigeait, *impromptu*, une perfection que le tems seul pouvait leur obtenir, au moyen de garanties constitutionnelles indépendantes, destinées à les perfectionner. Après le premier malheur de n'avoir pas fondé de pareilles garanties, on en a préparé beaucoup d'autres, en faisant des constitutions nouvelles à chaque changement de gouvernement. Il ne faut pas plus changer de constitution que de religion : cette fidélité à une seule constitution contribue beaucoup à sa stabilité, par l'habitude du respect pour elle que le tems imprime dans l'esprit des peuples. Il faut se contenter de modifier et de perfectionner. Il ne faut pas jeter les esprits dans le vague des constitutions; c'est sur une seule qu'il faut les fixer. Si les Français s'en étaient tenus à la constitution de l'assemblée constituante, en la modifiant et en la perfectionnant quand l'opinion publique en aurait démontré la nécessité, qui contestera qu'ils n'eussent vécu plus heureux sous ses lois que sous les constitutions de toutes les couleurs dont ils ont fait l'infructueux essai ?

Dans notre siècle, l'opinion publique veut être écoutée, parce que les nations civilisées et constitutionnelles ont plus que jamais le sentiment que leur bonheur est fondé sur elle, sur le respect pour cette reine du monde, dont le trône est indestructible.

Quand, à l'instar de la république des lettres, se formera-t-il sur le globe un royaume de l'opinion publique , ayant pour provinces les corps intermédiaires des nations régies par des gouvernemens constitutionnels ?

Depuis assez longtems les peuples libéraux désirent en vain connaître la vérité ; depuis assez longtems les gouvernemens abusent de leur crédulité , par la liberté exclusive de la presse, qu'il leur est si facile d'usurper, puisque les constitutions usitées n'ont, jusqu'à nos jours , garanti l'existence d'aucun corps intermédiaire indépendant : il est tems , enfin , qu'une nouvelle et imposante magistrature veille avec sévérité sur les droits des nations libres. Il n'y a que les nations qui consentent à vivre sous un gouvernement despotique qui puissent n'avoir rien à réclamer. La stabilité attachée au gouvernement despotique serait-elle donc préférable à la stabilité d'un gouvernement rigide exécuteur d'une constitution libérale fondée sur l'existence d'un corps intermédiaire indépendant ? Non, sans doute, excepté peut-être dans des siècles d'ignorance.

Mais, me dira-t-on, les peuples en général méritent-ils de connaître la vérité ? Je ne répondrai pas directement à cette question ; je me contenterai d'affirmer qu'il faut qu'ils la connaissent toute entière ou qu'ils ne la connaissent pas du tout. A ce mot de vérité, certains gouvernemens murmureront, elle ne peut être incommodes que pour eux; les nations libérales, au contraire, se féliciteront, et toutes les relations politiques deviendront franches et amicales. Les mensonges du despotisme me paraissent préférables à ce mélange de mensonges et de demi-vérités usité par un gouvernement qui ne veut pas paraître despotique, mais qui essaie de l'être au mépris d'une constitution muette, dont l'ombre seule le retient encore. Puisque je viens d'appliquer à une constitution l'épithète de muette, c'est ici l'à-propos de demander pourquoi les législateurs passés et présens n'ont pas eu l'idée d'animer, et pour ainsi dire, de personnifier les constitutions, afin qu'elles fussent en mesure de s'opposer aux infractions qu'on leur a faites avec ou sans desseins : ils comptaient apparemment que leurs représentations nationales et que la liberté de la presse suffiraient pour les garantir de toute atteinte. L'expérience a pourtant démontré combien il a été facile d'éluder ces obstacles, et malgré toutes les modifications et tous les tâtonnemens qu'ils ont faits dans ce genre, ils n'ont pu parvenir à mettre en pratique un mode de garantie simple et légal.

Parmi les moyens que je crois propres à

conduire au but d'animer et de personnifier les constitutions, en voici deux que je propose. Le premier et le meilleur est l'adoption des corps intermédiaires indépendans. Le deuxième est de donner à la plus belle place des villes et des bourgs, le nom de *Place de la Constitution* et d'ériger au milieu de cette place un monument constitutionnel qui consisterait en un grand piédestal, rond, ovale ou carré, surmonté d'une statue qui tiendrait deux tables sur lesquelles serait gravé le préambule de la constitution : autour du piédestal serait gravée la constitution toute entière. Il est facile de s'imaginer l'influence de pareils monumens sur les places publiques les plus fréquentées.

Si les constitutions de toutes les espèces avaient été personnifiées, elles n'auraient pas joué, comme l'expérience le prouve, un rôle muet et insignifiant. Appuyées sur l'opinion publique, elles auraient fortement réclamé contre les infractions qu'on méditait et qu'on exerçait contre elles. La France notamment eût évité l'anarchie ou le despotisme dans lesquels elle a passé les meurtrières années de sa révolution; celle-ci serait terminée il y a longtems, si la raison et la vérité avaient trouvé un organe indépendant et sacré dans une de ses constitutions. On doit attendre les plus grands succès de cette *trinité* du pouvoir exécutif, du pouvoir législatif et du corps intermédiaire indépendant.

Depuis leur existence, les nations ont traversé tour-à-tour des siècles d'ignorance et des siècles de lumières; il serait embarrassant de prononcer si les siècles de lumières leur ont valu une plus grande masse de bonheur que les siècles d'ignorance. De cette incertitude, résultat d'une si longue expérience, ne serait-il pas tems de conclure qu'il faut essayer d'un autre siècle, je veux dire de celui de la vérité? Les esprits paraissent assez généralement disposés à cette idée libérale.

Que l'expérience du corps intermédiaire soit donc faite d'abord sur un royaume; je ne pense pas, dans tous les cas, qu'on compromît son existence en le mettant, pendant quelques années, au régime de la vérité! Qu'un souverain libéral se présente pour recueillir l'honneur qui résulterait pour lui d'une telle entreprise!

En attendant l'évènement, il ne me reste qu'à faire un appel à ces hommes, amis exclusifs de leur pays et de l'humanité, à ces hommes trop pénétrés de leur dignité pour se prêter aux rôles de flatteurs des souverains;

il faut que dans les capitales des états où les
institutions anti-libérales , comprises indistinctement sous les noms de police, d'inqui-
sition, de censure, etc., n'opposent pas des
obstacles insurmontables à la liberté de la
presse ; il faut, dis-je, qu'il se forme des foyers
d'esprit public, que l'on pourrait désigner sous
les noms de sociétés intermédiaires, ou de
sociétés parlementaires. Leurs fonctions seraient à peu près les mêmes que celles attri-
buées aux corps intermédiaires, c'est-à-dire
qu'elles veilleraient sur la constitution et sur
les intérêts généraux de la nation. Elles pu-
blieraient tous les mois environ, un ouvrage
rédigé avec franchise et décence, où serait
déposé le résultat de leurs observations sur
le mois écoulé. Pour être membre délibérant,
votant et signant de ces sociétés, il faudrait
avoir la même fortune que pour faire partie
du corps intermédiaire indépendant ; pour
être membre délibérant ou associé seulement,
il suffirait d'être reconnu comme tel par la
société ; les délibérations entre ses membres
ne pourraient avoir lieu à haute voix qu'au-
tant qu'ils seraient réunis en comité parti-
culier et secret. La société se choisirait des
associés correspondans dans les principales
villes de l'état, pour lui faciliter la connais-

sance des infractions à la constitution et aux intérêts généraux de la nation : elle s'établirait le centre des réclamations dans ce genre, et elle apporterait la plus scrupuleuse attention à vérifier les faits avant de les combattre (1).

L'existence de pareilles sociétés ne contribuerait pas peu à la formation de ce qu'on appelle l'esprit public ; il lui offrirait un point non suspect où il pourrait se rallier sous les gouvernemens constitutionnels ; car, enfin, faut-il que l'esprit public ait un point d'appui. Sous un gouvernement despotique, il est fondé sur la conviction de la nécessité d'obéir à un maître absolu ; sous un gouvernement monarchique religieux, il est fondé sur la loi impérieuse de la religion, qui lui enjoint une soumission religieuse ; sous un gouvernement constitutionnel, où l'on soumet tout au raisonnement et au calcul, l'esprit public ne peut être bien fondé que sur la connaissance de la vérité toute entière.

On se plaint, par exemple, de ce que de nos jours il n'y a pas d'esprit public en France : pour moi, ce qui m'étonnerait davantage, c'est qu'il y en eût un dans l'état où sont les

______

(1) Quand le noyau d'une pareille société sera formé à Paris, on en donnera avis au public.

choses depuis longtems Où l'esprit public
trouverait-il son point d'appui chez nous?
Est-ce sur le despotisme? Mais les Français
actuels, comme leurs ancêtres les Gaulois,
ne peuvent tolérer le despotisme. Est-ce sur
la religion? On ne sait que trop combien elle
a perdu de sa bienfaisante influence sur les
esprits français. Est-ce sur le crédit public?
Il n'en est pas de même en France qu'en Angleterre, où les fortunes particulières se sont
rendues dépendantes de la fortune publique.
Est-ce sur un état de guerre continuel plus
ou moins actif? Mais les chances de la guerre
sont trop dangereuses, et d'ailleurs tant qu'il
y aura en France des terres en friche et des
terres mal cultivées, l'intérêt général demande
que les bras soient conservés à la terre pour
y créer des richesses, plutôt qu'employés à
la guerre, pour en détruire ou pour n'en recueillir que par le droit injuste du plus fort.
Sur quoi donc fonder l'esprit public en France?
Sur la connaissance de la vérité, sur un corps
intermédiaire neutre et indépendant, qui en
serait le point d'appui.

On ne peut se dissimuler que ce qui a le plus
nui à la formation des institutions intermédiaires, neutres et indépendantes, est l'opposition qu'elles éprouvent naturellement de la

part des gouvernemens qu'elles sont destinées à surveiller et à contrôler. Leur caractère *censeur* n'est pas plus fait pour plaire politiquement que civilement. Les peuples et les rois ont plus de penchant pour leurs flatteurs que pour leurs mentors : on n'en doit pas moins reconaître et consacrer que l'intérêt général exige que l'on dépose plutôt sa confiance entre les mains des mentors qu'en celles des flatteurs.

Pour abréger cet écrit, j'évite d'entrer dans les détails de l'application de ma troisième proposition aux différentes formes de gouvernemens mentionnées ci-dessus ; je me réserve, pour cause, de le faire dans un autre moment.

D'après les réflexions précédentes, je crois pouvoir conclure que le moyen de rendre libérale une constitution quelconque, privée d'un corps intermédiaire indépendant, c'est de lui en adjoindre un sous la dénomination que l'on jugera le plus convenable. L'influence qu'un pareil corps prendrait sur l'opinion publique, dont il serait réciproquement le réflecteur, offrirait à la nation et à sa constitution toutes les garanties désirables et indispensables. L'équilibre entre les pouvoirs serait le résultat de cette influence, et la conséquence de cet équilibre serait le bonheur libéral de la nation assez sage pour fonder sa constitution sur la base indestructible d'un corps intermédiaire, légal, neutre et indépendant.

Quand l'épreuve de ce contrepoids politique aura été faite, je ne doute pas qu'on ne convienne de la vérité du titre de cet écrit : *Point de Constitutions stables sans garanties indépendantes.*

Salut et considération,

Messieurs,

Votre concitoyen,

MAIN de S<sup>te</sup>.-Christine ;
*Propriétaire.*

Paris, le 10 Mai 1815.

*Nota.* Mon ouvrage intitulé : *La Politique réduite à un seul principe,* se trouve chez Dentu, Libraire, galerie de bois, au Palais-Royal, et chez les Marchands de Nouveautés. Son prix marqué est de 1 franc 50 cent.

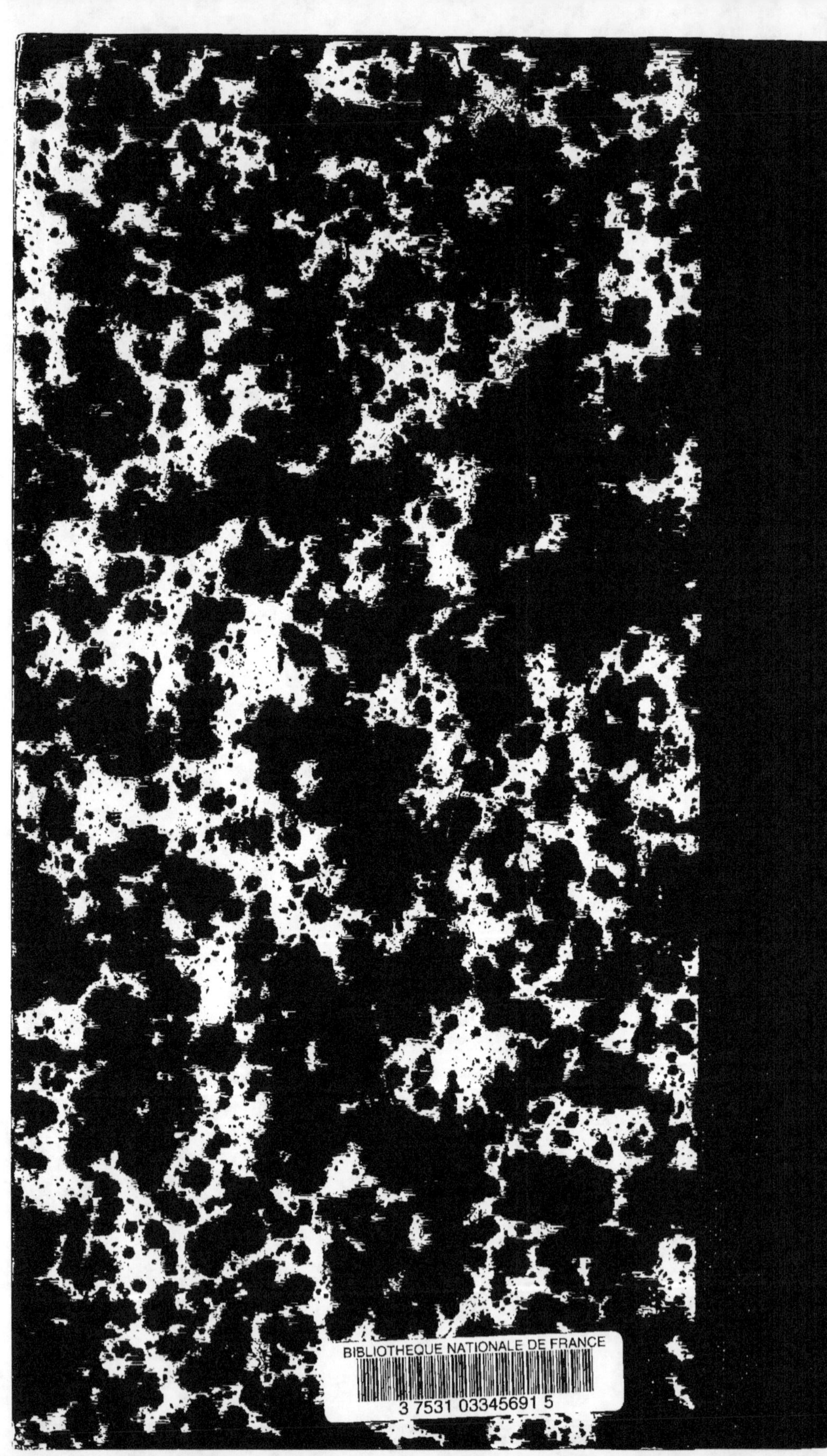